मेरी पुरानी अलमारी में...

कविता संग्रह

मुकेश जोशी 'भारद्वाज'

BookLeaf Publishing
India | USA | UK

Made with ❤ on the BookLeaf Publishing Platform
www.bookleafpub.in
www.bookleafpub.com

Dedication

ईजा को समर्पित

अपने इस प्रथम एकल कविता संग्रह को अपनी शक्ति पुंज अपनी माता जी (ईजा) के चरणों में अर्पित करता हूँ। जिनसे मेरा वजूद है, मेरा व्यक्तित्व है, मेरी कविताएं हैं, मेरी लेखनी है।

Preface

मेरी पुरानी अलमारी में, एक पुरानी डायरी मिली। उस डायरी में जीवन के कुछ रंग मिले जो कविताओं का रूप लिए हुए थे। जीवन के उन्हीं कुछ रंगों को समेट कर सहेज कर आप के सम्मुख प्रस्तुत कर रहा हूँ। इन रंगों में प्रेम है, बिछोह है, प्रकृति है, पहाड़ है, समर्पण है, प्रेरणा है, विरोध है.. और भी कुछ कच्चे - पक्के रंगों को पिरोकर एक इंद्रधनुष बनाने की कोशिश की है। उम्मीद है आपको पसंद आएगी। पहली ही कोशिश है तो त्रुटियां असंख्य होंगी। त्रुटियों के लिए अग्रिम क्षमा के साथ आपकी रचनात्मक आलोचनाओ एवं प्रतिक्रियाओं, चाहे वो सकारात्मक हों अथवा नकारात्मक, का इंतज़ार रहेगा।

आपका

मुकेश जोशी 'भारद्वाज'

Acknowledgements

इस पुस्तक को लिखने की यात्रा अत्यंत शिक्षाप्रद रही है। मैं सबसे पहले ईश्वर का आभार व्यक्त करता हूँ जिनकी कृपा से यह कार्य सम्पन्न हुआ। साथ ही मेरी देवी स्वरूप माताजी का आभार जिनका विश्वास एवं आशीर्वाद सदैव साथ रहा है।

मेरा परिवार, मेरी जीवन संगिनी जी जो हर कदम पर मेरी शक्ति एवं प्रेरणा रही हैं, मेरी प्यारी सी बिटिया का प्यार एवं सभी परिवारजनों की हौसलाफजाई और भरोसा मेरी इस पुस्तक के पीछे है।

साथ ही मेरे मित्रों ने भी हर कदम पर मुझे सकारात्मकता प्रदान की है और उन सभी कवि, गीतकारों, शायरों को, जिन्हें मैं अपना गुरु मानता हूँ, जिन्हें पढ़कर, सुनकर मैं लेखन की ओर आकर्षित हुआ और कुछ लिख पाया, आप सभी का हार्दिक आभार एवं धन्यवाद मेरी इस यात्रा में मेरा साथ एवं सम्बल बनने के लिए।

अभी लेखन अधपका सा है और अनगिनत त्रुटियों से भरा है किंतु समय के साथ आप सभी के स्नेह एवं आशीर्वाद के साथ कोशिश रहेगी अपने लेखन में गहराई ला पाने की।

आप सभी के सहयोग एवं समर्थन के दिये दिल से धन्यवाद।

- मुकेश जोशी 'भारद्वाज'

1. नौजवां

हैं प्रलोभन लाख पर तू लक्ष्य से डिगना नहीं,
देखकर कठिनाइयाँ, डरना नहीं, थमना नहीं,

चल तू धारा के विरोध में, लीक सारी तोड़ दे,
गर्मियों में मत पिघलना, ठंड में जमना नहीं।

इक जगह पर ठहरकर तो जल भी सड़ता जाता है,
तू निरन्तर हो प्रवाहित, तू कहीं रमना नहीं।

है नहीं तेरा काम रुकना, शान तेरी चलने में,
सांस भर लम्बी के तुझको चलना है थकना नहीं।

जो चुनौती से डरें वो नौजवां किस काम के?
सामना जो हो चुनौती से तो निकले ना नहीं।

हारना और जीतना तो पहलू हैं दो खेल के,
हार के डर से समर्पण तू कभी करना नहीं।

मौत शास्वत है, वो आनी है, वो आएगी मगर,
मौत के आने से पहले ही कभी मरना नहीं।

2. इंसां हो जा

भरा हो जब सारा समाज ही जानवरों से,
तू यूँ कर, के तू फिर से इंसां हो जा।

झांक देख जो लाश पड़ी भीतर तेरे,
जान फूंक उसमें फिर से ज़िन्दा हो जा।

दे उतार ज़हन-ओ-शरीर से खोल पुराना,
तन से, मन से, बस इक बार नया हो जा।

बेवफ़ाइयाँ, दिल-दिमाग में अगर कहीं हों,
डाल समर्पण उनमें और वफ़ा हो जा।

नज़र मिला के देख ज़रा तू नज़र से अपनी,
मांग ले माफ़ी खुद से, शर्मिंदा हो जा।

याद है दुखा चुका है कितने दिलों को अब तक,
भर दे उनके ज़ख्म सभी, दवा हो जा।

3. ये इन्तज़ारियाँ कैसी

गुज़र चुकी सदी किये तौबा शराब को,
फिर आज ये नशा है क्यों, ख़ुमारियाँ कैसी?

महफ़िल सजी हो और ज़िक्र-ए-जान ही न हो,
किस काम कि मजलिस वो और वो यारियाँ कैसी?

बुझ चुके शोलों से फ़क़त राख उड़ती है,
पर आज नज़र आती हैं चिंगारियाँ कैसी?

तुमसे मिला हूँ जब भी बन्दिशों के बिन मिला,
फिर आज तेरी दीद में दुश्वारियाँ कैसी?

मेरा हाल पूछते हो तुम इन आंधियों के बाद,
किस तरहा बताऊं के हैं फुलवारियाँ कैसी?

उजड़े हुए बागों का नहीं कोई बागबां,
उजड़े हुए बागों की पहरेदारियाँ कैसी?

अर्सा हुआ के जब से तुम हो छोड़ के गए,
राहों में नज़र क्यों, ये इन्तज़ारियाँ कैसी?

4. गांव जब से आ बैठा शहर

खेत बंजर घर खण्डर
गाँव जबसे आ बैठा शहर
सूनी वीरां गली चौपालें
हाये लगी ये किसकी नज़र
किसकी नज़र।
खेत बंज़र...

खिलता चहकता था बचपन जहाँ पे,
गुलों से महकता था आंगन जहाँ पे,
वो किस्से बुजुर्गों के बातें सुहानी,
हवा बेफिकर सी, वो बेफिक्र पानी,
ढूंढती है इन्हें बस नज़र
गाँव जबसे आ बैठा शहर

थे कच्चे मकां पर रिश्ते थे पक्के
न कोई जलन ना थे धोखे ना धक्के,
के तालों में बंधी न दर ना दीवारें
खुला आसमां ये नदी ये किनारे,
यादों के कोनों में इनका बशर
गाँव जबसे आ बैठा शहर..

के सूखी पड़ी है ये धारा ये पनघट
हाँ सुनने को तरसे है कदमों की आहट
कदम जो कभी लौट के फिर न आए
जिये जा रहे हैं खुदी को भुलाए,
खुद को तलाशे फिरे दरबदर
गाँव जबसे...

5. हे अर्जुन! अब उठा धनुष

हे अर्जुन! अब उठा धनुष,
प्रत्यंचा खींच के बाण चला।
है युद्ध भूमि यह, तू योद्धा,
चल हर ले शत्रु के प्राण तू आ।

यह समय नहीं है मोह का अब
माया से परे तू स्वयं को ला।
कर लक्ष्य विजय और बढ़ता चल,
अब दिखा शौर्य सम्मान बढ़ा।

है पाप तिमिर सम्मुख तेरे,
तू सत्य ज्योति बन उसे मिटा।
सूरज मुख पर जो लगा ग्रहण,
तू फूंक मार कर उसे हटा।

तू धर्मविजय का बन निमित्त,
अब पाप को अंतिम नींद सुला।
कर वर्षा वाणों की झमझम,
ना मन में कोई ग्लानि तू ला।

है देह मर्त्य, चैतन्य अमर,
चैतन्य मुक्ति कारण बन जा।
विस्मृत कर सब दैहिक बन्धन,
पा विजय या अपने प्राण गंवा।

यूँ बीच समर भावुक होकर,
ना शत्रु को अपनी पीठ दिखा।
धर्मराज्य के हेतु पार्थ,
फहरा दे अब तू विजय ध्वजा।

हे अर्जुन! चल उठा धनुष,
प्रत्यंचा खींच के बाण चला।

6. हे कृष्ण! फिर आ जाओ

हे कृष्ण।
फिर आ जाओ।
फिर संकट में है धर्म, सत्य।
फिर हरण हुआ द्रोपदी वस्त्र।
फिर जगत में हाहाकार मची।
जनमानस चीख पुकार उठी।

फिर पाप बढ़ा व्यभिचार बढ़ा।
फिर तृष्णा का आहार बढ़ा।
फिर निडर निरंकुश शासन है।
फिर तम सत्ता पर आसन है।

फिर कंस के पास है राज पाट।
फिर दुर्योधन भी साथ साथ।
फिर भटक रहे पांडव वन वन।
फिर त्राहिमाम बोले जन जन।

फिर घूम रहे शिशुपाल लाख।
फिर फ़न फैलाएं काल नाग।
फिर अर्जुन तुम मुझको कर दो।

फिर सारथि बन गीता वर दो।

फिर तम का करो विनाश प्रभु।
फिर दो हमको विश्वास प्रभु।
फिर सारे दुख सन्ताप हरो।
फिर गोवर्धन की छांव करो।
हे कृष्ण।
फिर आ जाओ।
हे कृष्ण।
फिर आ जाओ।

7. मधुशाला

मधुशाला का भी बंटवारा
गर हो जाये तो क्या हो?
हिन्दू मदिरा पान करे और
मुस्लिम हाला तो क्या हो?

तो क्या हो गर सूरज चाँद भी
हिन्दू मुस्लिम हो जाएं?
टुकडों टुकड़ों में बंट जाए
अगर उजाला तो क्या हो?

तो क्या हो गर हवा को भी हम
केसरिया और हरा बना दें?
साँस भी लें तो चाहें रंग बस
अपने वाला तो क्या हो?

तो क्या हो गर जल और अन्न भी
धर्म के जैसे बंट जाएं?
पूछ के मज़हब, रंग, जातियाँ
मिले निवाला तो क्या हो?

तो क्या हो गर मदिरालय भी
इस समाज सा हो जाए?
लड़ती-मरती, टूटी-बिखरी सी
हो मधुशाला तो क्या हो?

8. ये चाँद हो क्या तुम?

ये चाँद हो क्या तुम?
इतने पास हो क्या तुम?
जो दे रही है जां मुझे,
वो सांस हो क्या तुम?

या के तुम हो वो किरण,
के जिससे रोशनी मिली,
या के वो ख़याल जिससे के
आवारगी मिली?

या के तुम निमित्त वो
जो मुझको आस दे रही,
या के तुम मेरी ज़मीन को
आकाश दे रही?

या के मिल रही ज़हन को मेरे
सोच तुम से ही,
या के जो ज़ुबां में है मेरे
वो लोच तुमसे ही,

तुम से ही मेरे सवालों के
जवाब मिल रहे,
तुमसे ही तो हू ब हू
हाँ मेरे ख़्वाब मिल रहे,

तुम ही हो मेरे गीतों को जो
सुरों से भर रही,
तुम वो कूचियाँ जो ज़िन्दगी में
रंग कर रही।

तुम वो रास्ता मेरा
जो मंज़िलों से मिल रहा,
तुम हो मौन मेरा हाँ
जो महफिलों से मिल रहा।

या के तुम मेरे मकान की
छतों सी बन गईं,
या के प्रेम में लिखे हुए
ख़तों सी बन गईं।

या के मेरी पत्तियों पे पड़ी
ओस बूंद तुम,
या के मुझसे शुरू और
मुझ पे माहदूद तुम।

तुम हो बालपन की निश्छल,
निर्वैर सी हंसी,

तुम ही मोक्ष हो मेरा,
तुम ही हो मेरा असी।

तुम हो जुगनुओं की टिमटिम,
मेरी अमावासों में,
तुम मिट्टियों की खुशबू,
उन पहली पावसों में।

घनघोर रात बाद की
उजास हो क्या तुम?
जो दे रही है जां मुझे
वो सांस हो क्या तुम?
ये चाँद हो क्या तुम?
ये चाँद हो क्या तुम?

9. युवा

युवा,... युवा दिखो ज़रा
गिरे हो क्यों? उठो ज़रा।
लीक से हटो नई
इबारतें लिखो ज़रा।

लिखो के मेहनतों से तुमको
दुश्मनी नहीं कोई,
लिखो के मंज़िलों से है,
तनातनी नहीं कोई,
है धमनियों में रक्त जो प्रवाहमान है अभी,
लिखो के प्राण शेष हैं के मुर्दनी नहीं कोई।
नक़ाब अब हटाओ
तुम प्रकट रहो, दिखो ज़रा,
लीक से हटो नईं
इबारतें लिखो ज़रा।

लिखो के लक्ष्य साधने का
है हुनर भी पास में,

लिखो के हैं क़दम धरा पे,
हौसले आकाश में,
के मुश्किलें बनी नहीं,
तुम्हें डरा जो पाएंगी,
लिखो के जीत है बसी,
तुम्हारी सांस सांस में।
हो तुम प्रकाश सूर्य का,
चमक उठो, उगो ज़रा,
लीक से हटो, नईं
इबारतें लिखो ज़रा।

लिखो के जो थकान है,
तुम्हें नहीं वो जानती,
लिखो के हार सामने तुम्हारे
हार मानती,
तुम्हारे रास्ते पे क्या,
बिसात कंटको की है?
लिखो जवां जवानियाँ
वो करती हैं जो ठानतीं।
मरुस्थलों के बीच में,
बनो सुमन, खिलो ज़रा।
लीक से हटो, नईं
इबारतें लिखो ज़रा।

युवा... युवा दिखो ज़रा,
गिरे हो क्यों? उठो ज़रा।

10. बाघ

(पलायन और अंधाधुंध दोहन से लहूलुहान पहाड़ो का हाल। प्रस्तुत कविता में बाघ एक प्रतीक है पलायन और दोहन का)

ये शांत वादियों में बाघ आ कहाँ से बस गए,
जो शांत वादियों की शांति को ही हाये डस गए।

ये शांत वादियों को हाँ कोई नज़र लगी है क्या?
के शांत वादियों की शांति लहुलुहां लहुलुहां।

लहुलुहान पर्वतों में लहुलुहां नदी,
लहुलुहां मकान लहुलुहान ज़िन्दगी।

के खून बह चला हुए पहाड़ खोखले,
परिंदे उड़ गए हैं छोड़ अपने घोंसले।

तिनका तिनका जोड़ के जो घर बनाये थे,
वो घर बिखर के फिर से तिनका तिनका हो चले।

तिनकों को समेट लो न बाघ ले उड़े,

बचे खुचे हुए न चंद ख़्वाब ले उड़े।

ख़्वाबों पे तो गिद्ध सी नज़र है बाघ की,
हैं ख़्वाब बेख़बर इन्हें ख़बर ना बाघ की।

ये बाघ नींव खोदने पे है तुला हुआ,
ये जिस्म सारा गोदने पे है तुला हुआ।

ये बाघ भूखा है ये अब पहाड़ खायेगा,
न छोडेगा ये कुछ ये सब डकार जाएगा।

बन जाएं ग्रास इसके या के सामना करें,
या आँख मूंद हाथ जोड़ प्रार्थना करें?

ये बाघ लौट जाएगा प्रतिकार हो अगर,
बाघ से भी तीव्र इक हुंकार हो अगर।

हुंकार जो कि धमनियों को फिर से रक्त दे,
नईं सी कोंपलों को पनपने का वक़्त दे।

वो कोंपलें जुड़ी रहें सदा ही जड़ों से,
फिर जोड़ लें पहाड़ को इन बिखरे कणों से।

11. प्रकृति

बदन चीर कर तेरा नसें जो कोई उघाड़े,
या फिर घोंप के छुरा उड़ाए रक्त फुहारे,
रौंद तुझे चल पड़े कोई यूँ मस्त मलंगा,
तू चीखे लेकिन सुने कोई ना तेरी पुकारें।
गला दबाकर तेरा कोई दम घोंट चला हो,
या फिर सीने में देकर कोई चोट चला हो,
चला गया हो तुझे आग में झोंक कोई जो,
नींव तेरी जड़ से ही कोई खोद चला हो,
सोच ज़रा दिल पर तेरे फिर क्या बीतेगी?
हारी हुई आत्मा क्या फिर से जीतेगी?
ऐसा ही कुछ किया प्रकृति के साथ है हमने,
अपने हाथों ख़ुद को किया अनाथ है हमने।
इस धरती को अनगिन घाव दिए हमने हैं,
छीन के सबकुछ इसे अभाव दिए हमने हैं,
खून के आंसू पृथ्वी सदा रुलाई हमने,
न्यौता देकर स्वयं ही प्रलय बुलाई हमने,
अपनी चोटों का प्रतिकार करेगी इक दिन,
याद रखो पृथ्वी हुंकार भरेगी इक दिन।
अंत लिखा होगा जल थल पर, और गगन पर,

सिर्फ तबाही होगी पृथ्वी के कन कन पर,
सिर्फ तबाही होगी पृथ्वी के कन कन पर।

12. बड़े मासूम हो साहब

मोहब्बत में दग़ा खा के, मोहब्बत को निभाते हो,
बड़े मासूम हो साहब, ख़ुदी को ख़ुद मिटाते हो।

ख़ुदी को ख़ुद मिटा लो पर, ख़ुदा के वास्ते सुन लो,
दग़ा खा कर वफ़ाओं की रवायत क्यों चलाते हो?

तुम्हारी आशिक़ी की दाद दूं या तरस तुमपे खाऊं?
दीवाने तुम हो या पागल ज़माने को बनाते हो?

सुनो ना कुछ नहीं रक्खा है इन बेकार बातों में,
तुम इन बेकार बातों में क्यों अपनी जां गंवाते हो?

हज़ारों ग़म हैं दुनियां में मोहब्बत के अलावा भी,
मोहब्बत के ग़मों में इस तरह क्यों डूबे जाते हो?

चलो अब इंतेहा हुई, के अब वापस चले आओ,
जो तुमको चाहते हैं उनका दिल तुम क्यों दुखाते हो?

13. नई महाभारत

देवव्रत को भीष्म बना दे ऐसी कोई प्रतिज्ञा लाओ,
अर्जुन को जो पार्थ करे फिर भगवतगीता शिक्षा लाओ,
फिर ले आओ भीम शत्रु का नाश करे जो प्रण लेकर,
फिर से लाओ धर्मराज जो धर्म ना छोड़े एक क्षण भर,
कर्ण समान मित्र फिर ला दो मित्र हेतु जो प्राण तजे,
फिर भाई सहदेव नकुल से भ्राताज्ञा शिरधार करें,
ले आओ फिर सखा कृष्ण जो लाज बचाएं दुष्टों से,
और प्रदर्शित पथ कर के जो पार लगा दें कष्टों से,
शिष्य एकलव्य सम ला दो गुरु मूरत को ज्ञान करे,
द्रोण समान महाज्ञानी पर भेद न अबकी बार करें,
दानी सूर्यपुत्र सा कवच व कुंडल दान करे लाओ,
शूरवीर अभिमन्यु चक्रव्यूह को पार करे लाओ,
ले आओ चातुर्य विदुर का जो सलाह सर्वोत्तम दे,
और कुशलता कृपाचार्य की दक्ष बना सेना सम दे,
फिर द्वापर से योद्धा आएं लेकर अपने गुण और ज्ञान,
मगर न लाएं वह रणभूमि और न वो महाश्मशान।
अपनी शक्ति, बुद्धिमता का करें सृजन में वह उपयोग
नई महाभारत भाईचारे और उन्नति का हो योग।

14. तस्वीरें

मेरी पुरानी अलमारी में,
कुछ पुरानी तस्वीरें मिलीं,
तस्वीरें..
कुछ सादी सी, कुछ थीं रंगीं,
कुछ सजी-धजी, कुछ बेढंगी,
तस्वीरें जिनमें जीवन था,
तस्वीरें जिनमें बचपन था,
गुस्सा, झगड़ा, तक़रार भी था,
कुछ तस्वीरों में प्यार भी था,
कुछ तस्वीरें थीं खिली खिली,
कुछ तस्वीरें मुरझाई सी,
कुछ तस्वीरें बातें करती,
कुछ तस्वीरें सकुचाई सी,
कुछ तस्वीरों में भोलापन,
कुछ तस्वीरों में अकड़ भी थी,
भूली बिसरी जितनी यादें,
सारी यादों की पकड़ भी थी,
उन तस्वीरों से बातें की,
उन तस्वीरों संग रोया भी,
उन तस्वीरों ने बतलाया,

कितना कुछ मैंने खोया भी,
वो तस्वीरें बेजान नहीं,
उन तस्वीरों में हृदय भी था,
उन कागज के कुछ टुकड़ो में,
सिमटा स्वर्णिम सा समय भी था,
सब भूली बिसरी यादों को,
उन तस्वीरों की बातों को,
फिर डाल के इक अलमारी में,
और लौट के दुनियादारी में,
फिर नई बनाने तस्वीरें,
इक सफ़र पे निकल मैं जाऊंगा,
अलमारी तुझसे मिलने को,
फिर समय मिला तो आऊंगा।
अलमारी तुझसे मिलने को,
फिर समय मिला तो आऊंगा।

15. तुम्हें भी पता चले

कैसे जीते तुम बिन पल पल,
हाल तुम्हें भी पता चले,
गुज़रे कितने लम्हे, कितने साल, तुम्हें भी पता चले।

पता चले तुमको कैसे,
पथराई आँखें दीद बिना,
पता चले किस तरहा,
कटता है जीवन उम्मीद बिना,
चाहें उत्तर कितने ही सवाल तुम्हें भी पता चले।
गुज़रे कितने लम्हे, कितने साल तुम्हें भी पता चले।

पता चले तुमको तुम बिन क्या हाल बनाए फिरते हैं,
पता चले दिल पर यादों के,
कितने बादल घिरते हैं,
आँखों से बहते सारे ख़याल तुम्हें भी पता चले।
गुज़रे कितने लम्हे, कितने साल, तुम्हें भी पता चले।

पता चले तुमको मेरे,
जीने का ज़रिया तुम ही हो,
पता चले मैं बाती जिसकी,

मेरा वह दिया तुम ही हो,
तुम्ही हो मेरा इकलौता मलाल तुम्हें भी पता चले,
गुज़रे कितने लम्हे, कितने साल,
तुम्हें भी पता चले।

कैसे जीते तुम बिन पल पल,
हाल तुम्हें भी पता चले,
गुज़रे कितने लम्हे, कितने साल तुम्हें भी पता चले।

16. चिंगारियां विरोध की

चिंगारियां विरोध की
जली हैं जो सुनो,
आओ हवाएं बन के
उन्हें आग हम करें,

करने दो लाख अंधकार
राहों में उन्हें,
ख़ुद को जला के ख़ुद को ही,
चराग़ हम करें।

हम कर लें इतना शोर
जो बहरे भी सुन सकें,
कर्कश ध्वनि हो अब न
इसको राग हम करें।

हर ज़ोर और ज़ुल्म के
मारों को ढूंढकर,
संघर्ष में उनको भी
अबके भाग हम करे।

कितना है ज़ोर
बाजू - ए - क़ातिल में देख कर,
इस बाजू - ए - क़ातिल का भी
इंसाफ़ हम करें।

अब के मशाल जो जले,
वो बुझ नहीं पाए,
अब इस लपट से जुल्म-ओ-सितम
ख़ाक हम करें।

17. समझौता

इति आत्मसम्मान की कर के
एक एक रिश्ता जोड़ रहा
यह समझौता भीतर भीतर
हर क्षण मुझको तोड़ रहा।

नींव बिना ही खड़ी इमारत,
जाने किस पल ढह जाए,
ये तिनका अस्तित्व का जाने
कौन बाढ़ में बह जाए।

झुके से कंधे, झुका सा मस्तक,
झुका आत्मविश्वास है,
रुकी सी धड़कन, रुकी धमनियां,
रुकी रुकी सी सांस है।

सिर्फ अंधेरा नज़र के आगे,
ना भविष्य का पता कोई,
उम्मीदों की किरण से मेरा,
नहीं बचा राब्ता कोई।

कैसे डटूँ चुनौती सम्मुख,
भीतर से जब टूटा हूँ,
स्वयं से भी तो हार गया मैं,
स्वयं से ही मैं रूठा हूँ।

अहसासों से खत्म हूँ मैं,
बस सांसें हैं तो ज़िंदा हूँ,
तोड़ चला हूँ सभी भरोसे,
मैं सबसे शर्मिंदा हूँ,
मैं सबसे शर्मिंदा हूँ।

18. युद्ध या बुद्ध

तू युद्ध चुन या बुद्ध चुन,
जो मार्ग है प्रबुद्ध चुन,
हैं पंथ दोनों ही कठिन,
तू मौन चुन या क्रुद्ध चुन।

तू साधना व त्याग चुन,
या शौर्यता का राग चुन,
तू बात कर अमन की,
या के समर के निनाद चुन।

सरोवरों की शांति चुन,
समुद्र की अशांति चुन,
तू प्रण उठा अहिंसा, या
फिर तू उग्र क्रांति चुन।

तू चुन ले मार्ग कोई भी,
चुनौतियां सभी में हैं,
सभी की अपनी खूबियां,
खामियां सभी में हैं।

अंत एक है, भले,
तू साथ चुन विरुद्ध चुन,
जो मार्ग है प्रबुद्ध चुन,
तू युद्ध चुन या बुद्ध चुन।

19. कब्रों पे आशिक़ों की

डगर बड़ी है नाज़ुक,
संभल के पाँव रखना,
के इश्क़ के सफर में,
दुश्वारियाँ बहुत हैं।

है चोट हर क़दम पर,
मरहम कहीं नहीं है,
इस आग की लपट में,
चिंगारियाँ बहुत हैं।

के इश्क़ के मारों का,
इलाज ही नहीं है,
बर्बादियों को यूं तो,
बीमारियां बहुत हैं।

वो काम से गया जो,
इस इश्क़ में गिरा है,
हालाकि आशिक़ों की,
समझदारियाँ बहुत हैं।

जब भी मिलो सनम से,
दुनियां से छुप के मिलना,
इस प्यार पे जहां की,
पहरेदारियाँ बहुत हैं।

जात-धरम देख कर ही,
आशिक़ी में पड़ना,
कब्रों पे आशिक़ों की,
फुलवारियां बहुत हैं।

20. कुछ इस तरह से मैंने..

कभी आवारा घूमा,
कभी मुँह शराब की,
कुछ इस तरह से मैने,
ज़िन्दगी ख़राब की।

रूठा हुआ था जिनकी,
रातों से चांद भी,
ख़ुद को जला के रातें,
वो माहताब की।

वो जिनके दिल में कुछ,
और ज़ुबां पे और था,
असलियत उन सभी की,
हां बेनक़ाब की।

जो सामने थे मेरे,
सहमे, डरे हुए से,
आवाज़ उन सभी की,
एक इन्क़लाब की।

तरसे थे ज़िंदगी भर,
ख़ातिर जो एक किरण के,
वो ज़िंदगी अंधेरी,
सब आफ़ताब की।

दम घुट रहा था जिनका,
पर्दों में घूंघटों में,
दी सांस उनको, सूरत
वो बे हिजाब की।

के ग़लतियो का पुतला,
होता है आदमी,
तो गलतियां भी मैंने,
हैं बेहिसाब कीं।

21. गिरगिटों से भरी दुनिया में

गिरगिटों से भरी दुनिया में,
मैं रंग एक ही रखता हूँ,
नहीं बदलता देख के ओहदा,
ढंग एक ही रखता हूँ।

मैं रखता हूँ बस इक चेहरा,
सब भाव यहीं पे रखता हूँ,
मैं अपनी सारी मुस्कानें,
सब घाव यहीं पे रखता हूँ।

मुझको पढ़ना आसान बहुत,
हर इक पन्ना है खुला हुआ,
हाँ होंगे मुझमें मैल कई,
मैं नहीं दूध का धुला हुआ।

मैं कहाँ किसी से कहता हूँ,
है त्रुटि रहित व्यक्तित्व मेरा,
मैने ये कब किस से बोला,
है सर्वश्रेष्ठ अस्तित्व मेरा?

चिकनी चुपड़ी बातें मुझसे,
ना हुई कभी, ना अब होंगी,
मुझसे इस तरहा की सारी,
आशाएं बेमतलब होंगी।

मन भीतर मेरे जो है वो,
बेलाग ज़ुबां पे रहता है,
मीठा हो चाहे हो तीखा,
इक राग ज़ुबां पे रहता है।

बीच हज़ार विकल्पों के,
पसंद एक ही रखता हूँ,
नहीं बदलता देख के ओहदा,
ढंग एक ही रखता हूँ।
गिरगिटों से भरी दुनिया में...

22. वो जिनके घर नहीं होते

वो जिनके घर नहीं होते,
ज़मीं अम्बर नहीं होते।

न उनको ठंड लगती है,
न गर्मी से पिघलते हैं,
वो थकते भी नहीं हैं क्या?
कभी वो टूटकर रोते-
बिलखते भी नहीं हैं क्या?

निकलकर काम से वो,
फिर से वापस काम पर जाते,
कहाँ हैं उनके सब अपने,
वो क्यों ना साथ हैं आते?

दुकानों पर वो जाके क्या
कोई सामां नहीं लेते?
वो इक घर अपने वास्ते
भी क्यों बनवा नहीं लेते?

कभी बीमार हों तो फिर
दवाएं कौन लाता है?
के उन घुटती सी साँसों में,
हवाएं कौन लाता है?

मयस्सर क्यों नहीं उनको,
ज़मीं का एक भी टुकड़ा?
क्यों उनकी जड़ का हर रेशा,
है अपनी नींव से उखड़ा?

नहीं कोई क्या उनका इंतज़ार,
करने वाला भी?
क्या उन भूखो को मिलता है,
सुकूँ का इक निवाला भी?

नसीबों में वो कांधे हैं क्या,
जिनपे सर रखा जाए?
या उन प्यासों में मीठे नीर,
का सागर रखा जाए?

क्या उन आंखों के आँसू भी,
कभी कोई पोछता होगा?
क्या उनके बारे में कोई,
कभी कुछ सोचता होगा?

जो उनके वास्ते भी हों खुले,

वो दर नहीं होते?
वो जिनके घर नहीं होते,
ज़मीं अम्बर नहीं होते।

23. क्योंकि..

तस्वीरें झूठ बोलती हैं।
सच जानना है, तो आंखें पढ़ना सीखिए,
दिल में झांकिए,
जज्बातों को समझिए,
क्योंकि...
तस्वीरें झूठ बोलती हैं।

24. काश

तस्वीरें बोल नहीं सकतीं।
बोल पातीं काश,
सामने आ जाता...
हर मुस्कान के पीछे छुपा दर्द,
चल जाता पता
कितनी रन्ज़िशें छुपी हैं
हर मिलते हुए हाथ के पीछे,
और हर आलिंगन समेटे हुए है
कितनी साज़िशें अपनी बाहों में...

और जब तक...
तस्वीरें बोल नहीं पातीं,
तब तक...
तस्वीरें झूठ ही बोलती रहेंगी।

25. गुज़रता साल..आता साल

लो साल इक फिर से गुज़र चला,
कुछ यादें दी, कुछ सबक दिए,
कुछ घाव दिए, फिर नमक दिए,
कुछ खुशी मिली, कुछ अश्क मिले,
कुछ स्नेह मिला, कुछ रश्क मिले,
कुछ मिला प्रेम, कुछ नफरत भी,
कुछ रही अधूरी हसरत भी,
कुछ युद्ध चले अंतर्मन में,
कुछ द्वंद्व समाज में, जीवन में,
कुछ साथ पुराने छूट चले,
कुछ नए तराने फूट चले,
कुछ पलों में अकड़े खड़े रहे,
कुछ पल समझौतों भरे रहे,
कुछ झूठ मिले और कुछ धोखे,
कुछ हसरत जिन्हें चला रोके,
कुछ मुस्कानें, कुछ आहें दे ,
ख़याल इक फिर से गुज़र चला,
लो साल इक फिर से गुज़र चला,

.

लो फिर एक साल नया आया,

कुछ उम्मीदों को संग लेकर,
कुछ सपनों को हाँ रंग देकर,
कुछ नई राह, कुछ नए सफ़र,
कुछ नव मंज़िल, पग वही मगर,
कुछ नव संग्राम हैं पुनः द्वार,
कुछ नए ज़ख्म, कुछ नए वार,
कुछ स्थिरता, कुछ परिवर्तन,
कुछ वही पौध, कुछ नया सृजन,
कुछ नव चिंतन, कुछ नव विमर्श,
कुछ नई कीर्ति, कुछ नया हर्ष,
कुछ नव चुनौतियां, नए लक्ष्य,
कुछ कच्चापन, कुछ कुशल-दक्ष,
कुछ नए नए आयाम मिलें,
कुछ कोशिश का परिणाम मिले,
कुछ द्वार नए यह खोल चले,
बस यही विचार चला आया,
लो फिर एक साल नया आया।

26. ओ सत्तानशीनों

ओ सत्तानशीनो,
ज़रा आंखे खोलो,
तो देखोगे शायद,
हक़ीक़त ज़मी की,

कभी बन के देखो,
जो इंसां ज़रा सा,
तो समझोगे क़ीमत,
आंख की नमी की।

नमी जो रही ना,
तुम्हारी नज़र में,
हैं बातें तुम्हारी,
अगर में मगर में,

अगर जानते तुम,
है संघर्ष कितना,
तो कर लेते तुम भी,
कदर आदमी की।

ओ सत्तानशीनों..

स्वयंभू बने हो,
स्वघोषित ख़ुदा हो,
हो मालिक तुम्हीं और
तुम्ही रहनुमा हो,

जो ये रहनुमाई,
बनी है अंधेरा,
तो कैसे मिलेगी,
किरण रोशनी की?
ओ सत्तानशीनों..

हवाओं को छोड़ो,
ज़मीनों पे उतरो,
के यूँ बन के चूहा,
वतन को न कुतरो।

कभी तो जगाओ,
ज़मीरों को अपने,
ख़तम हो ये आबो-
हवा मुर्दनी की।
ओ सत्तानशीनों..

27. शायद

तुम्हें ये लगता है कि मैं कुछ कहूंगा नहीं,
और मैं ये जानता हूँ कि तुम कुछ समझोगे नहीं।
और इस तरह एक दिन सब ख़त्म हो जाएगा।
तुम्हें कुछ फर्क पड़ेगा नहीं
और मैं... मैं शायद रहूंगा नहीं।

28. वन कंक्रीट का

स्वागत में लो खड़ा है वन कंक्रीट का,
आओ देखें वृक्ष सीमेंट और ईंट का,
श्वास में धूल ही धूल है जितनी चाहे लो,
मोटे मोटे सरियों की हैं बाहें लो।

महानगर बनती धरती को देखो तो,
पल-पल नुचती-लुटती धरती को देखो तो,
देखो धरती के सीने में ये गढ़े शूल,
शरशैया पर लेटी धरती को देखो तो।

जो हरियाली थी वहां ठूंठ और जड़ें बची,
सूखे पौधों पर नहीं शेष कोंपलें बची,
नदियों में अब बची है बस कीचड़-दलदल,
पांव तले अब घास नहीं, ठोकरें बची।

देखो खोद चुके धरती के दिल को हम,
बेच चुके हैं नदी को और साहिल को हम,
सभी ने वार किए हैं छाती पर इसकी,
कैसे पकड़ेंगे इसके क़ातिल को हम?

ये जो मरी तो लाश स्वयं हम बन जाएंगे,
अपनी गर्दन के पाश स्वयं हम बन जाएंगे,
धरती है तो ही तो है अस्तित्व हमारा,
नहीं जो धरती, 'काश' स्वयं हम बन जाएंगे।

29. लहुलुहां हिमालय

ये टल्ली लगा हिमालय,
ये रफ्फू हुआ हिमालय,
उधड़कर जगह जगह से,
ये लहुलुहां हिमालय,

लीजों में बंट चुका है,
ठेकों में कट चुका है,
खोदा गया है इतना,
मैदां में पट चुका है,

ये बिकता हुआ हिमालय,
ये डिगता हुआ हिमालय,
लेकर कई सहारे,
ये टिकता हुआ हिमालय।

लाखों दरार लेकर,
चोटें हज़ार लेकर,
कैसे खड़ा हुआ है,
अनगिन प्रहार लेकर?

ये रिसता हुआ हिमालय,
ये घिसता हुआ हिमालय,
लालच के पाटों भीतर,
ये पिसता हुआ हिमालय।

है अंध दोहन ज़ारी,
और धन प्रलोभन भारी,
गिरिराज हिमपति का,
प्रतिपल विलोपन ज़ारी।

ये कटता हुआ हिमालय,
ये छंटता हुआ हिमालय,
पुश्तैनी सम्पति सा,
ये बंटता हुआ हिमालय।

जीवन, जीवन भर बांटा,
अब मृत्यु द्वार खड़ा है,
कण-कण अर्पण कर डाला,
अंतस कद से भी बड़ा है।

ये झरता हुआ हिमालय,
उतरता हुआ हिमालय,
अंतिम सांसें गिनता,
ये मरता हुआ हिमालय।

30. जहाँ पे तुम छोड़ गए थे

मैं अब भी वहीं ठहरा हुआ हूँ,
जहाँ पे तुम छोड़ गए थे।
हाँ जानता हूँ तुम नहीं आओगे...
पर अब जाऊँ भी कहाँ?
तुमसे आगे, तुमसे ज़्यादा, कभी सोचा ही नहीं।
मंज़िलें और भी हैं,
हैं रास्ते कई मगर,
सफ़र अब मेरा अधूरा ही रहेगा।
पूरा हो भी कैसे?
मेरा सफ़र तो तुम्हीं से था... मेरी मंज़िल भी तुम थे।
जब मंज़िल ही मुँह मोड़ ले,
तो सफर के मायने क्या?
यूँ ही रुका रुका सा ख़त्म हो जाऊंगा इक दिन।
बिना सफ़र, बिना हमसफ़र, बिना मंज़िल।
मैं अब भी वहीं ठहरा हुआ हूँ,
जहाँ पे तुम छोड़ गए थे।

31. ओ काफल खाने वालों

ओ काफल खाने वालों,
ओ काफल गाने वालों,
मिट जाएंगे पहाड़,
क्या खाओगे, क्या गाओगे?

ओ छोड़ बाखली अपनी,
भाबर बस जाने वालों,
बिक जाएंगे पहाड़,
फिर छुट्टी कहाँ बिताओगे?

कहाँ पे जा के पियोगे,
नौले-धारों का पानी?
कहाँ पे जा देखोगे,
नदियों-झरनों की रवानी?

कहाँ मिलेगी तुमको,
वो बांज की ठंडी छाया?
किस तरहा से पाओगे,
पर्वत समान इक काया?

ओ बेड़ू के गीतों में,
कदम थिरकाने वालों,
छिप जाएंगे पहाड़,
बच्चों को क्या दिखलाओगे?
ओ काफल...

बस तसवीरों में मिलेंगे,
मकां पत्थर-पाथर के,
निशान भी मिट जाएंगे,
पहाड़ के हस्ताक्षर के,

कौन सहेजेगा इन,
सीढ़ी जैसे खेतों को,
देखेगा कौन बरसते,
इन बर्फीले मेघों को,

ओ अपनी गीत-ग़ज़ल में,
पहाड़ सुनाने वालों,
छिन जाएंगे पहाड़,
फिर कौन सा राग सुनाओगे?
ओ काफल खाने वालों,
ओ काफल गाने वालों,
मिट जाएंगे पहाड़,
क्या खाओगे क्या गाओगे?

32. ग्लेशियर

आंखों के किन्हीं कोनों पर कुछ ग्लेशियर थे,
जो कभी कभार हालातों की तपिश से पिघल कर,
पलकों के रास्ते बह दुनियावी समुद्र में मिलने निकल जाया करते थे।
और जब बह चुकते ये नदी तन्त्र रूखे गालों को सींचते हुए,
सच कहूँ बहुत सुकून मिला करता था।
पर अब.. न वो ग्लेशियर रहे ना ही वो तपन जो इन्हें पिघलाया करती थी।
वो नदियाँ सूख चली हैं शायद।
रह गई है तो बस एक जड़ता, एक शून्यता
और एक छोटी सी आस, शायद
के फिर से मौसम बदले,
फिर से एहसासों के बादल खिलें,
फिर से बर्फबारी हो भावनाओं की,
फिर से हालातों का सूरज इन्हें पिघलाये
और फिर से नदियाँ बह चलें...

33. बूढ़ा चाँद

चाँद बूढ़ा हो चला है अब।
यूँ ही अकेला,
पृथ्वी से कोसों दूर..
अंतरिक्ष के थपेड़ों के बीच,
अंतहीन सा घूमता हुआ इर्द गिर्द,
बरसों पहले जो कुछ कदमों की आहट सुनी थी,
फिर से वही आहटें सुनने को बेताब।
पथरा गई आंखों में इंतज़ार समेटे हुए..
कि जो टेलिस्कोप से नज़रें ताकती रहती हैं,
वो कभी रूबरू होंगी।
इसी उम्मीद में अब भी..
सूरज से रोशनी उधार लेकर,
जल रहा है हर रोज़।
पर ये जो इंतज़ार है ना,
ये जीते जी तो मार डालता है,
पर मरने नहीं देता।
चाँद ये न जानता हो शायद।
इसी लिए घूम रहा है इर्द गिर्द..
एक अंतहीन सफर में...

34. ये अंतरिक्ष के जुगनू

ये टिमटिम सितारे
ये अंतरिक्ष के जुगनू
हर रोज ले आते हैं लालटेन अपनी
जैसे नौकरी से बंधे हों किसी की
समय के पाबन्द
अंधेरा होते ही आ धमकते हैं
मानो रात भर चौकीदारी करते हों
जागते रहो... जागते रहो
कभी ओवरटाइम नहीं करते
पर छुट्टी भी तो कहाँ मिलती है बेचारों को
बिना थके बिना रुके यूँ ही जलते रहना है हर रात
शायद किसी रोज लालटेन का तेल खत्म हो
और सो जाएं किसी रात ये भी सुक़ून से

35. तुम रखो

ये नींवहीन घर तुम्हारे,
खोखले शहर तुम्हारे,
तुम रखो।

कटे हुए ये पर तुम्हारे,
और झुके ये सर तुम्हारे,
तुम रखो।

तुम रखो दिलों के डर को,
तुम रखो झुकी नज़र को,
उफ़न के चल न पाए जो,
रखो तुम उस थकी लहर को,

ये चापलूसी तुम रखो,
प्रलोभनों को तुम रखो,
धृतराष्ट्र और भीम से,
आलिंगनों को तुम रखो,

रखो तुम्हीं ये राग-द्वेष,
तुम्ही रखो असंख्य भेष,

घिरे हो वासनाओं में,
यौवन तुम्हीं रखो अशेष,

के तुम रखो ये स्वार्थ अपना,
समझो तो भावार्थ अपना,
और कोई बनना क्यों,
रखो न तुम यथार्थ अपना,

न मुझ पे है अभाव कुछ,
न मुझ पे है दबाव कुछ,
अंध अनुसरण करूँ,
न मुझपे है प्रभाव कुछ,

स्वच्छंद इक नदी हूँ मैं,
स्वयं का मार्ग ख़ुद करूँ,
ये मुझपे छोड़ो ज़िन्दगी,
को शूल या कुमुद करूँ,

न आंख यूँ दिखाओ अब,
ये धमकियां ये डर तुम्हारे,
तुम रखो।

नहीं है मृत्यु भय मुझे,
सारंग और शर तुम्हारे,
तुम रखो।

ये नींव हीन घर तुम्हारे,

खोखले शहर तुम्हारे
तुम रखो।